AF395295

987

MA

CARTE DE VISITE

A MESSIEURS

LES REPRÉSENTANS A L'ASSEMBLÉE NATIONALE

ET

AUTRES PERSONNES NOTABLES

AU SUJET DE LA RÉFORME HYPOTHÉCAIRE,

PAR

J.-B. HÉBERT, Notaire honoraire.

A PARIS,

AU COMPTOIR DES IMPRIMEURS-UNIS,

Chez COMON et C°, quai Malaquais, 15,

ET CHEZ L'AUTEUR, RUE DU REGARD, 6 (FAUBOURG SAINT-GERMAIN).

Juillet 1849.

MA

CARTE DE VISITE

A MESSIEURS

LES REPRÉSENTANS A L'ASSEMBLÉE NATIONALE

ET

AUTRES PERSONNES NOTABLES

AU SUJET DE LA REFORME HYPOTHECAIRE.

L'usage des Cartes dites de visite a été établi pour aider la mémoire de ceux qui les reçoivent. On laisse sa carte pour faire savoir à quelqu'un que l'on s'est présenté à sa demeure dans le dessein de le voir, de lui parler, de le visiter.

Ces cartes varient selon la mode, le goût et la position de chacun ; elles sont petites ou grandes, simples ou ornées, lisibles ou d'une écriture imperceptible ; chacun a le droit, ou le prend, de les faire faire à sa guise.

Je laisse à un savant le soin d'écrire sur ce sujet un livre qui serait curieux, intéressant et très-instructif ; quant à moi, mon intention est de faire faire une carte de visite *en seize pages d'impression in-8°.*

Pour quel usage ? Pour la remettre ou l'envoyer à MM. les représentans et à certaines personnes notables, et leur exprimer le désir d'obtenir d'eux une audience, un moment d'entretien que je ne pourrais pas, autrement, solliciter avec autant de facilité, et parce que, dans le cas où cette entrevue ne me serait pas octroyée, j'aurai au moins l'espoir qu'ils pourront jeter un coup-d'œil sur *ma carte de visite.*

Obtiendrai-je, de cette manière, un résultat auquel je n'ai pu parvenir depuis cinq ans, nonobstant mes courses et mes démarches multipliées ? Je l'ignore ; mais si le moyen que j'emploie, d'écrire sur ma carte le but de ma visite et l'objet de ma demande, ne me réussit pas d'avantage, il aura toujours été moins fatiguant et moins dispendieux.

Expliquons-nous donc.

En 1841, j'étais alors doyen des notaires de Rouen, j'eus connaissance de la circulaire que M. Martin (du Nord), garde-des-sceaux, adressa à la cour de cassation, aux cours royales et aux facultés de droit, relativement à la *Réforme hypothécaire.*—Pensant que chacun avait le droit d'émettre son avis sur cette question, je publiai et distribuai à cinq cents personnes, compétentes pour juger mes idées, un livre intitulé : *De quelques* MODIFICATIONS *à apporter au régime hypothécaire.*

L'examen de cette question m'amena à reconnaître, ainsi que je l'ai écrit, qu'en l'an VII et en l'an XII (date du Code civil), les législateurs qui décrétèrent la loi hypothécaire n'ont pas résolu la question avec une complète équité.

En l'an VII, on sacrifia à l'intérêt des tiers acquéreurs et bailleurs de fonds l'intérêt des femmes et des mineurs.

En l'an XII, on revint à des principes plus conservateurs, en protégeant les femmes et les mineurs au préjudice des tiers.

A aucune époque l'on ne s'est préoccupé de l'intérêt des maris et des tuteurs.

Mon livre de 1841 démontre la possibilité de conserver ces *trois* intérêts opposés, sans nuire à aucun d'eux, et en obtenant cependant une *Publicité complète* des droits et charges hypothécaires.

On a cru, jusqu'ici, pouvoir obtenir cette publicité complète par l'*inscription* et la *transcription.* — Je pense avoir démontré qu'on ne peut atteindre ce résultat que par l'INSCRIPTION, l'INDICATION et l'IMMATRICULATION.

La cour de cassation et la cour royale de Rouen ont admis l'indication ; — mais elles ont passé sous silence l'immatriculation.— Les autres cours royales et les facultés de droit ont proposé l'inscription et la transcription.

La Révolution de Février éclate ; on veut organiser le travail, l'on succombe à la peine. On veut aller au secours des nécessiteux, l'on se ruine. On veut établir le crédit foncier, l'on ajourne la question et l'on arrive forcément à être obligé de traiter avant tout celle de la réforme hypothécaire.

Ainsi, l'on revient à cette question telle qu'elle était posée en 1841.

En effet, cela se conçoit ; la réforme hypothécaire est la première chose à établir, si l'on veut secourir la propriété foncière, l'agriculture et l'industrie, parce que l'hypothèque, bien conférée, est le seul moyen d'obtenir, *pour un long terme*, une somme d'argent, ou, à son défaut, de créer des valeurs de portefeuille ayant cours de monnaie, présentant toute sécurité, puisque la meilleure garantie est celle du sol.

Ces mots, réforme hypothécaire, emportent-ils l'obligation de faire une nouvelle loi hypothécaire, de courir le risque de détruire l'harmonie de nos codes et de s'exposer au danger que présente toujours la discussion d'une loi civile par une réunion d'hommes politiques qui ne doivent leur nomination qu'à un vote d'électeurs souvent contraires en opinion ?

Devrait-on ne recourir qu'au pouvoir exécutif, en se basant sur l'opinion émise par M. le président de Robernier, auteur de l'ouvrage si remarquable intitulé : *De la Preuve de la Propriété*, « que la question si vaste et déclarée si difficile de la réforme du » droit hypothécaire, n'est après tout qu'une *question de mécanisme* » *administratif* ? »

J'ai, comme M. de Robernier, l'intime conviction que cela serait suffisant ; mais puisque l'Assemblée législative est saisie de la question, puisqu'une Commission par elle nommée est chargée de l'étudier, profitons de cette heureuse circonstance pour obtenir de suite les quelques articles de loi qui peuvent être décrétés sans nuire à nos codes.

Profitons-en pour appeler l'attention de l'Assemblée nationale, et être mis à même de démontrer que la *publicité la plus complète* peut s'obtenir en *conservant* aux femmes et aux mineurs le privilége d'être dispensés d'inscrire leur hypothèque légale ;

En *supprimant* la transcription, formalité onéreuse qui ne peut donner aucun résultat de publicité complet et certain ;

En *établissant* l'INDICATION, qui ne serait qu'une inscription provisoire de l'hypothèque et la mention, par simple extrait, de la mutation de la propriété ;

. En *établissant* l'IMMATRICULATION, qui, à elle seule, pourrait dis-

penser, dans presque tous les cas, de l'indication et même de l'ins‑
cription de l'hypothèque légale.

L'immatriculation, c'est la connaissance donnée par voie admi‑
nistrative, sans autres frais que ceux de la formation de listes im‑
primées, de tous les Faits, de tous les Actes de l'homme, dont le lé‑
gislateur ordonne la publication. — C'est la connaissance possible
de tous ces faits, si la loi veut que tous soient connus ; c'est la con‑
naissance d'une partie seulement, si elle permet de n'en livrer
qu'une partie à la publicité.

L'immatriculation, c'est la connaissance de *la vérité* que l'on peut
obtenir complétement, sans restriction.

L'immatriculation, c'est *la publicité* acquise, non pas en s'adres‑
sant forcément aux conservateurs, en leur payant des droits élevés
de timbre, d'hypothèque et de salaires, mais en ayant la faculté de
demander à l'un des cinquante ou cent fonctionnaires publics ou
dépositaires des listes d'Immatricule, chacun dans la spécialité de ses
attributions, sans frais, ou moyennant un simple droit de recher‑
che, *tous les renseignemens* que l'on trouverait aux conservations
d'hypothèques, institutions qui possèderaient seules la généralité de
ces listes, et continueraient de recevoir seules les inscriptions et les
indications.

Les listes d'immatricule seraient adressées par le gouvernement
aux fonctionnaires publics et aux dépositaires, comme les feuilles
du *Moniteur* leur sont envoyées.

L'immatriculation, basée sur l'arithmétique, ne permet pas les
moindres erreurs ; s'il s'en commet, elles sont de suite aperçues
et réparées, car chaque personne, chaque acte constatant un fait,
chaque immeuble, chaque créance, chaque valeur, sont dès le
moment même de leur existence *Spécialisés* de manière à ce qu'ils
ne puissent être confondus avec une autre personne, un autre acte,
un autre immeuble, une autre valeur. — Chaque acte notarié, cha‑
que acte de procédure, chaque acte administratif, chaque jugement,
et, si on le voulait, chaque opération de commerce, chaque produit
de l'industrie, chaque production littéraire de l'esprit humain,
seraient *spécialisés* de manière à ce qu'aucun d'eux ne pût être
confondu avec son semblable.

Aujourd'hui, les conservateurs des hypothèques ne peuvent re‑
connaître ni la Personne sur laquelle un certificat leur est demandé,
ni la Propriété dont on veut connaître la mutation indiquée
par la transcription, ni la créance dont on cherche le possesseur.

L'un des hommes les plus compétens sur cette matiere, M. Loreau, directeur des domaines et de l'enregistrement à Poitiers, pour le département de la Vienne, s'exprime ainsi dans son plan de la réforme hypothécaire. Il dit que son système (qui a beaucoup de rapport avec le nôtre), établissant *l'identité des personnes*, « mettrait
» les conservateurs des hypothèques à portée de ne plus con-
» fondre, dans leurs écritures, des individus du même nom, et de
» ne plus jeter d'entraves dans l'exécution des contrats, ni occa-
» sionner des erreurs déplorables et très-nombreuses.

» Nous savons, continue M. Loreau, nous qui avons une longue
» expérience de l'administration hypothécaire, qui en avons ob-
» servé le mécanisme et les effets avec une attention soutenue,
» nous savons combien d'entraves et de dommages ont été la suite
» de ces erreurs de noms et de personnes. *C'est une perte qui se*
» *compte annuellement par* DIZAINE DE MILLIONS.

» En effet, ajoute-t-il, comment reconnaître l'identité des indi-
» vidus dans une nomenclature où se trouvent quelquefois sur le
» même registre PLUSIEURS MILLIERS de noms patronimiques sem-
» blables? La *profession* est insignifiante, car la même peut être
» exercée par plusieurs à la fois, le père, le fils, l'oncle, le cou-
» sin, etc. Le *domicile* n'est pas un signe plus certain ; il est trop
» variable pour cela. Les *prénoms* ne sauraient inspirer une con-
» fiance entière ; car ordinairement, dans les campagnes surtout, le
» parrain donne ses prénoms à son filleul; dans beaucoup de
» localités, il est d'usage de donner au fils aîné les prénoms de son
» père; enfin, on voit souvent le même individu décliner inexacte-
» ment ses noms de baptême devant le notaire, tantôt par oubli,
» quelquefois avec calcul; et dans un acte tel emprunteur, qui
» précédemment aura dit s'appeler Jean-Pierre, prendra actuelle-
» ment les prénoms de Pierre-Jean ou de Pierre ou de Jean tout
» court.

» On comprendra maintenant quels peuvent être les suites et les
» dangers de ces nombreuses variantes dans la dénomination des
» individus.

» Tout cela cesserait, dit M. Loreau, par la production de l'acte
» de l'état civil et par l'énonciation, dans les registres hypothécaires,
» du lieu et de la date de la naissance. — Ce moyen de reconnais-
» sance est infaillible. » C'est vrai, mais il est gênant et coûteux.

C'est ainsi que le pays paie actuellement chaque année, en pure perte, une dizaine de millions, indépendamment de ce qu'il supporte

le préjudice de plusieurs autres dizaines de millions par le défaut
de publicité des droits et charges hypothécaires.

Donnons ici quelques chiffres officiels, et nous nous en servirons
ensuite pour établir combien serait désastreuse la mesure de *tout
inscrire, tout transcrire*, qui paraît être pour les économistes le seul
moyen de réformer le régime hypothécaire.

Dressons ici le tableau officiel des Ventes enregistrées en 1841 et
prenons-le pour moyenne annuelle.

Sur 1,059,441 ventes enregistrées cette année s'élevant à 1,382,418,490 fr.

N'ont pas été transcrites

615,082 ventes de	600 fr. et au-dessous, s'élevant à				141,820,292 fr.
114,203	—	601 à 1,200 fr.	—		98,811,214
98,379	—	1201 et au-dessus	—		275,808,486
827,664	—	*non transcrites,*	—		516,439,992
231,777	—	*ont été transcrites*, s'élevant à ..			865,978,498
1,059,441		Total............			1,382,418,490 fr.

Le Trésor a perçu en 1841, pour droit d'enregistre-
ment à 4 fr. 40 sur 865,978,498 fr.................... 38,103,054 fr.

Pour droit de transcription payé lors de l'enregistrement, à 1 fr. 65, en vertu de la loi du 28 avril 1816..... 14,288,645

52,391,699

Pour droit d'enregistrement à 4 fr. 40
sur 516,439,992 fr.................. 22,723,360 fr.

Pour droit de transcription à 1 fr. 65
(quoique la transcription n'ait pas eu lieu). 8,521,260

31,244,620   31,244,620

Total général perçu à l'enregistrement............... 83,636,319 fr.

Frais de transcription payés aux conservateurs, à 12 fr.
par acte, pris en moyenne, évaluation ainsi faite par M.
Wolowski : pour 231,777 contrats..................... 2,781,324

Total perçu réellement........................... 86,417,643

Frais de transcription évités, 827,664 contrats à
12 fr. l'un.................................... 9,931,968

96,349,611

86 millions et demi ont été payés en 1841 par la propriété au Trésor et aux conservateurs pour frais de mutation et de transcription.
827,664 acquéreurs, moyennant la somme importante de 516,439,992
fr., n'ont pas fait transcrire ; on ne leur en a pas moins pris pour cette
formalité non accomplie 1 fr. 65 cent. du cent, ensemble 8,521,260
francs, en pure perte ; parce que, pour obtenir cette transcription,

il eût fallu encore débourser 9,931,968 fr., c'est-à-dire 12 fr. par contrat.

827,664 acquéreurs ont reculé devant cette dépense, car ils savaient qu'en faisant transcrire ils diminuaient leurs risques, mais qu'ils ne les éteignaient pas tous, puisqu'ils ne purgeaient pas les hypothèques légales ; cette formalité souvent indispensable, ils ont été obligé de la négliger, puisqu'elle leur eût couté, à raison de 50 fr. au minimum par contrat, la somme d'environ 41,383,200 fr.

Moitié au moins des 231,777 ventes transcrites n'a pas été purgée des hypothèques légales à cause de l'importance des frais.

La transcription de ces 231,777 ventes a coûté 2,781,324 fr. sur 865,978,498 fr. de prix.

C'est-à-dire 32 centimes pour cent francs, indépendamment des 1 fr. 65 cent. compris dans les 6 fr. 05 cent. perçus lors de l'enregistrement.

Si la formalité de l'enregistrement eût été remplie pour les autres 827,664 contrats, il en eût coûté 2 fr. 10 cent. pour cent francs au lieu de 32 centimes payés par les autres acquéreurs.

Quoi ! le législateur n'est pas effrayé de voir chaque année la propriété foncière grevée ainsi :

Contributions foncières . . . . fr.	158,725,000	
Portes et fenêtres.	24,542,000	
Droit de mutation pour décès.	mémoire.	
Droit d'un pour cent pour prêt, droits d'inscription et certificats.	mémoire.	
Elle paie pour enregistrement des mutations par suite de vente à 4 fr. 40 cent. 0/0.	60,826,414	
Elle paie pour transcription à 1 f. 65 c. 0/0.. . . .	22,809,905	
Il faudrait encore verser 12 fr. par contrat pour droits et salaires des conservateurs, écritures, timbre, c'est-à-dire pour l'accomplissement de la formalité.	12,713,292	
231,777 se résignent à ce sacrifice et paient.	2,781,324	
827,664 ne le peuvent et ne remplissent pas la formalité de la transcription, qui leur eût coûté .	9,931,968	
Somme égale.	12,713,292	279,616,611

R. F.

En présence de tous ces faits, que propose-t-on comme remède? L'inscription obligatoire. — Et la transcription obligatoire.

Mais, en vérité, pour tout homme qui s'y connaît et qui réfléchit, il y a de quoi être justement effrayé de ces propositions.

Quoi! ces 827,664 acquéreurs vont être obligés de faire transcrire leur contrat et de payer 9,911,968 fr. de frais de transcription effective, c'est-à-dire 2 fr. 10 c. pour cent en sus des 4 fr. 40 c. d'enregistrement de vente, et de 1 fr. 65 c. de transcription, ensemble 8 fr. 75 c. pour cent?

Examinons maintenant les conséquences de la loi qui exigerait que *tout fût inscrit*, que *tout fût transcrit*.

Dans l'intérêt des femmes et des mineurs, la loi va-t-elle charger les officiers ministériels de prendre des inscriptions pour toutes les causes d'hypothèques légales?

Nous admettrons même que, conformément aux propositions de la Cour de cassation et de la Cour de Rouen, le législateur, reconnaissant avec le M. professeur Valette que l'inscription obligatoire serait une *monstruosité*, se contenterait de prescrire l'*indication*, et qu'il lui suffirait d'ordonner la transcription d'un simple extrait analytique de la vente, — ce qui prend, selon nous, le nom d'*indication*.

Mais il n'en résulterait pas moins une avalanche de formalités tellement onéreuses, qu'il s'établirait de suite un désordre et une confusion tels, qu'il faudrait bientôt recourir à un autre mode hypothécaire.

N'est-il pas vrai qu'avec le principe de tout inscrire et tout transcrire, principe que l'on peut réduire à celui de tout indiquer au moyen des conservateurs des hypothèques, on arriverait à un résultat déplorable?

Il y a 250,000 mariages par an, qui durent, terme moyen, au moins quinze ans, ce qui donne 3,750,000 mariages existans; il va donc falloir former autant d'inscriptions ou d'indications au profit des femmes mariées aujourd'hui existantes, ci. . . . 3,750,000

Le quart des mariages célébrés en France ne dure pas vingt ans ; un an donne 250,000 mariages, donc pour vingt ans, 5,000,000. Le quart est de 1,250,000

A reporter. . . . 3,750,000

Report. . . .   3,750,000

mariages, qui n'atteignent pas une durée de vingt ans. Toutefois, moitié de ces mariages seulement laisse un époux survivant avec enfant mineur, ce qui produit 625,000 tutelles légales.   625,000

Total des inscriptions à former une fois seulement.   4,375,000

Et chaque année il faudra inscrire ou indiquer :

250,000 *Mariages*.   250,000

  50,000 *Contrats* de mariages.   50,000

300,000 *Successions* ouvertes en faveur des femmes, des mineurs et des interdits, en prenant les 3/7es environ des 780,600 successions ouvertes en 1840. . .   300,000

300,000 *Ventes* au moins de biens de femmes, de mineurs ou interdits, en prenant le tiers des 1,050,441 ventes qui ont eu lieu en 1841..   300,000

300,000 *Obligations* collectives de femmes, au moins par chaque année..   300,000

Total des inscriptions ou indications à former chaque année.   1,200,000

Maintenant, ajoutez la transcription ou l'indication par chaque année des 900,000 autres ventes d'immeubles, des faillites, des condamnations, des interdictions, des révocations de tuteurs, des séparations civiles, des baux, des servitudes, etc.

Et vous quadruplerez le travail des conservateurs.

Si ce mode était adopté, il n'y aurait pas de Français qui n'eût 10, 20, 40 inscriptions ou indications sur son compte.

Fera-t-on payer 10, 20, 40 fr. pour avoir un certificat d'inscription? On me répondra que les droits seront réduits au quart, que l'on paiera 25 centimes par inscription au lieu de 1 fr. — Et le timbre, l'oubliera-t-on ? N'importe. Un certificat coûtera toujours de 2 fr. 50 centimes à 10 fr. au moins, plus le timbre. C'est évidemment trop cher.

Mais, a-t-on réfléchi à ce qui résulterait de cette réduction de 1 fr. à 25 centimes ?

D'abord, on sait qu'en vertu de l'ordonnance royale du 18 mai 1816, les conservateurs tiennent compte au Trésor de la moitié des droits d'inscription. Il ne leur reste que 50 centimes par inscription. — Allez-vous réduire le droit à 25 centimes ?

Un conservateur dépense généralement un tiers de ses honoraires à payer ses commis.

Si le conservateur de Paris forme ou délivre 120,000 inscriptions produisant 120,000 fr. de salaire, la moitié est prélévée par l'État; il lui reste . . . . 60,000 fr.

Il paie à ses employés. 20,000
____

Il ne profite que de . . . . 40,000 fr.,
qu'il peut perdre par une seule inscription omise.

Maintenant, quadruplez le travail.

480,000 inscriptions à 25 centimes donneront pour le conservateur la même somme de. . . . . 60,000 fr.

Mais le travail de ses employés étant quadruplé, leurs appointemens devront être augmentés, sinon en proportion, au moins triplés, ce qui donnera 60,000
____

Que restera-t-il au conservateur ? Rien . . . 00,000 fr.

En vérité, les partisans du système de tout inscrire, de tout transcrire feraient croire qu'ils n'ont pas la moindre notion de la comptabilité hypothécaire.

Savent-ils qu'aujourd'hui il est impossible à un conservateur d'attester qu'une pièce de terre, située dans une commune, est possédée par *tel* qui l'a ou ne l'a pas vendue ? Le conservateur attestera bien qu'il a transcrit *dix* contrats, chacun d'eux portant vente, par *Durand (Pierre)*, d'une pièce de terre sise à *Neuilly*, il délivrera des copies de ces dix contrats transcrits, dont, par le fait, pas un seul ne concernera le Durand (Pierre) avec lequel vous voulez contracter, ni la pièce de terre sur laquelle vous voulez prêter.

Jamais l'on n'arrivera à obtenir le résultat que l'on veut atteindre si l'on ne spécialise pas la personne et l'immeuble, la personne par l'*Immatriculation*, l'immeuble par le Cadastre.

Je mets au défi de prouver que, sans l'adoption de ces deux mesures, un conservateur puisse délivrer un extrait de transcription, et prendre sur lui la responsabilité de la spécialisation de la personne et de l'immeuble,

Si l'on me répond que cela se fait pour les inscriptions, je contesterai cette allégation.

Tous les certificats d'hypothèques ne contiennent-ils pas des réserves ?

Ainsi, le conservateur vous atteste bien que les inscriptions par lui délivrées contre Durand (Pierre) sur une pièce de terre à Neuilly sont les seules frappant contre cet individu et sur cette pièce de terre. Voici ce qu'on lit en tête du certificat. — Mais à la fin on a ajouté : « Pourvu que cet individu n'ait pas d'autres prénoms que *Pierre*, et n'ait pas eu d'autre *profession* et d'autre *domicile* que ceux déclarés au conservateur.

Qui est toujours sûr de ses prénoms ?

Qui a toujours eu la même profession, et le même domicile ?

Evidemment de pareils certificats peuvent n'être qu'un leurre.

Mais, dira-t-on, le conservateur ne fait pas de réserves pour l'immeuble ?—Cela est vrai, mais il delivrera toutes les inscriptions frappant *toute* pièce de terre située en la commune de Neuilly.—De cette manière il ne court aucun risque, mais souvent il délivre des inscriptions ne frappant pas.

Souvent aussi il ne se contente pas de ces réserves; quand il *croit* que des inscriptions concernent le même individu, il les délivre, à tort ou à raison.

Non, jamais un conservateur n'a été certain et ne le sera de ne pas ouvrir plusieurs comptes à un individu, et de ne pas porter à son compte des inscriptions ne le concernant pas, tant que la personne ne sera pas immatriculée et l'immeuble cadastré.

Nous sommes convaincu qu'il ne se serait pas écoulé un an après la mise en pratique d'une loi qui ordonnerait de tout inscrire, de tout transcrire, que des réclamations s'élèveraient de toutes parts, — et que le législateur serait obligé de rapporter cette prescription, soit parce que les frais seraient trop considérables, soit parce que l'on ne trouverait pas de conservateur qui voulût encourir la responsabilité d'attester la non transcription d'un contrat de vente d'une pièce de terre, *et de Spécialiser la Personne et l'Immeuble.*

De deux choses l'une, ou le conservateur délivrera tant de copies ou d'extraits de transcription, que l'on reculera devant la dépense, ou il mettra tant de réserves dans son certificat, que l'on ne pourra pas s'en servir.

Pourquoi n'appelle-t-on jamais dans les commissions hypothécaires un conservateur d'hypothèques, un vérificateur de l'enregistrement, nous voulons parler de ceux qui font l'ouvrage ? on saurait si nous disons vrai.

Pourquoi n'appelle-t-on que les sommités de chaque administration ?

On agit comme si l'on voulait connaître les défauts d'une montre et que l'on ne consultât pas un horloger.

La question qui intéresse le pays, savez-vous ce que c'est ? Par comparaison je vous dirai : il ne sagit pas de savoir si l'on fera ou l'on ne fera plus de montres à répétition et à secondes, il s'agit de simplifier les rouages trop compliqués de la montre par un rouage simple et unique.

Il ne s'agit pas de supprimer tout ce qui gène : l'hypothèque légale des femmes et des mineurs,—le régime dotal,—le privilége du vendeur,—le droit de résolution, etc.; il s'agit de trouver le moyen de les connaître dès qu'ils existent.

Pour cela il faut le rouage simple que j'appelle l'*unité* ou l'immatriculation.

Car l'*Unité*, la *Spécialisation* ou l'Immatriculation, c'est-à-dire l'Adjonction d'un nombre à un son, fait connaître l'homme sans qu'il puisse être confondu avec un homonyme. Quand vous dites Louis XIV, le *Son* Louis, le *Nombre* XIV, ne vous spécialisent-ils pas ce monarque de manière à ce qu'il ne puisse être confondu avec un autre Roi ?

L'immatriculation ou le cadastre fait connaître une pièce de terre sans qu'elle puisse être confondue avec une autre pièce de terre de la même commune.

L'immatriculation ferait connaître, sans frais de transcription, ni d'indication, la vente faite moyennant 50 francs comme celle de 5,000 francs.

Le législateur, malheureusement, opère toujours comme s'il ne s'agissait que d'actes de 5,000 francs; qu'il consulte donc le tableau ci-dessus.

Maintenant, vous lecteur, à qui ma carte de visite sera remise, veuillez savoir dans quel but je vous l'adresse.

D'abord j'agis autant dans l'intérêt général que dans votre intérêt particulier, car la question hypothécaire nous concerne tous, hommes ou femmes, majeurs ou mineurs.

Depuis 1841, j'ai publié divers livres et brochures pour établir l'utilité et la possibilité de la mise à exécution de mon système d'Immatriculation général des Personnes des Immeubles et des Titres.

(Voir au dos, page 16, la désignation de ces productions.)

Lecteur, s'il vous est agréable de connaître ces écrits, si la place que vous occupez vous oblige, dans l'intérêt général, à les lire, si votre intérêt seul vous y porte, je vous prie de le faire ; il est probable que je vous ai déjà adressé mes dernières publications ; dans le cas contraire, veuillez, en ayant soin de m'indiquer le numéro immatricule de cette carte de visite, me témoigner le désir de les obtenir pour étudier la question hypothécaire et m'aider dans l'examen de ce travail si important; je m'empresserai de vous en faire l'hommage gratuit, et de les faire déposer à votre domicile ou à celui de votre correspondant à Paris.

Si vous désirez avoir quelques explications verbales, je me trouverai honoré de me présenter en votre domicile le jour et l'heure où vous pourrez m'accorder l'audience, l'entrevue ou l'entretien que je sollicite de toute personne se préoccupant de la question hypothécaire.

HÉBERT,

Notaire honoraire à Paris,

6, rue du Regard.

PARIS. — IMPRIMÉ PAR E. BRIÈRE, RUE SAINTE-ANNE, 55.

TABLEAU DE MES PUBLICATIONS.

§ 1. — Réforme Hypothécaire.

De quelques Modifications à apporter au *Régime Hypothé-*
caire. 1841 . . . . *Epuisé.*
Mémoire adressé à la Commission *Hypothécaire.*—1847. 1 fr. »
Ma Carte de Visite à MM. les Représentans.—Juillet 1849. » 15

§ 2. — Système général d'Immatriculation

DES PERSONNES, DES IMMEUBLES ET DES TITRES.

Chaque Livraison est indépendante des précédentes.

La quatrième contient la définition entière du Système.

1re LIVRAISON. — Exposé du système d'Immatriculation
par *Listes cantonales.* — 1844. . . *Epuisé.*
2e LIVRAISON. — Des Hypothèques *Légales.* — 1845. . 2 fr. »
3e LIVRAISON. — Moralisation du *Remplacement* militaire.— 1846. . . . . 3 »
4e LIVRAISON. — Exposé *complet* du Système d'Immatriculation par *Une seule Liste* pour
toute la France.—1847 . . . . . . 3 50
5e LIVRAISON. — Essai sur la Formation d'un *Catalogue*
général des Livres et Manuscrits
existant en France. — 1848 . . . . 2 »
6e LIVRAISON. — La Réforme administrative, — ou la
Sincérité du Budget établie par
l'Immatriculation. — 1849. . . . . 2 50
Les 4e et 5e — ou 4e et 6e *Livraisons ensemble.* . . . . 5 »
Réforme Administrative.—Lettre *sur l'Immatriculation*
adressée aux Ministres de la Républi-
que. — Juin 1849 . . . . 1 »

§ 3. — Sujets divers.

Défense du *Régime Dotal.* — 1842. . . . . *épuisé.*
Projet de *Cautionnement* Hypothécaire national.— 1848. » 25
De l'Impôt sur les *Créances Hypothécaires* et de l'Income-
Tax.— 1848. . . . . » 50
Prêt *Hypothécaire* National.— 1848 . . . . » 25
Quelques Mots sur l'*Abolition de la Conscription* et du
Remplacement militaire.—1848. . . . . » 25
Observations relatives au projet de loi sur le *Recrutement*
et la Réserve de l'Armée.—1849 . . . . » 25

www.ingramcontent.com/pod-product-compliance
Ingram Content Group UK Ltd.
Pitfield, Milton Keynes, MK11 3LW, UK
UKHW021056120726
13693UKWH00006B/2660